梅园杯上海藏书票邀请展作品集

浦东新区陆家嘴社区文化建设联合会

上海市美术家协会版画工作委员会 编

写在前面的话

　　年年树有信，八方花相应。金秋结硕果，梅与桃李杏。

　　秋天是收获的季节。9月，当全国各地的藏书票飞集陆家嘴金融城藏书票艺术馆时，"梅园杯"的同仁们欢喜雀跃，这棵20龄的"梅树"，又迎来一个丰收年。

　　最近，接连两场藏书票公众活动，又让藏书票散发了馨香。一次在上海书城，一次在上海书展，这是文化人最向往的两个地方。无论是专程赶来的，还是走过路过的，都能感染藏书票的魅力。听讲藏书票的前世今生，看做藏书票生成过程，了解藏书票内外动态，得获藏书票交流藏品……藏书票成立自己的全国性的组织已有35个年头，我们在开拓性的活动中，深感藏书票仍然需要普及自己，不断地宣讲，让这一高雅的"小众艺术"在弘扬文化自信的伟大时代里，绽放美丽。

　　我们都在努力。经手这项活动中最让人高兴的两件事：一是老艺术家保持刻刀不锈蚀，更有钢刃愈发锐利的可喜；二是年轻人踊跃加入，为艺术圈带来新空气和勃勃生机的可嘉。两代以至三代人都在追求做得更好，拿出尽可能比以前好的作品，期待人家在自己作品前留驻脚步，发自内心地说一声：真好！

　　创造华为的任正非说，每个人做好一件事，拼起来就是伟大的祖国。说得太好了！华为为国争光，是老总任正非做好的一件事，一件可以带动世界大步前进的事。藏书票微也，但是，我们看到包括中国在内的世界各国优秀画家，他们用练就的技巧和诚实的劳动，感动着读者的心。他们以他们的方式做好了一件事，赢得了尊重，他们为各自的祖国争来一份文化人心目中的伟大。

　　奉上的是陆家嘴"梅园杯"上海藏书票邀请展第七本作品集。我们共同在做一件有益于文化事业的事情。我们在做好一件事，我们努力着。

　　本画册版面稍紧，尽管已经增加了页码，仍不能舒展。编辑过程中要删要缩，是件很难的事。如您作品有涉，还望谅解。

邵黎阳
2019年9月

陆家嘴金融城藏书票艺术馆

LUJIAZUI FINANCIAL CITY EXLIBRIS ART MUSEUM

图 页 目 录

金 奖

杨忠义 12, 13
汉 啸 52, 53, 54, 55

银 奖

张家瑞 04, 05, 06, 07
张忠信 26, 27, 28, 29
周东申 64, 65, 66, 67

铜 奖

刘 青 42, 43, 44
李彦赟 58, 59
邢 颖 68, 69
陶 正 94, 95, 96, 97
乐建成 99, 100, 101
施洪威 128
孙 磊 129. 130. 131
董介吾 132, 133

入 选

张丰泉 01, 02, 03
张 扬 08, 09, 10, 11
车 进 14, 15
吴鸿彰 16. 17, 18, 19
吴家华 20, 21, 22
张凌翔 23
张俊萍 24, 25

王 昆 30, 31, 32, 33
沈向红 34, 35, 36, 37
潘元石 38, 39
潘文斌 40, 41
王 路 45
吴望如 46, 47
叶枝新 48, 49
许英武 50, 51
冀荣德 56, 57
陈 川 60, 61, 62
章 平 63
高 权 70, 71
邓 利 72, 73, 74, 75
黄学俐 76, 77
郭伟利 78, 79
田百顺 80, 81
陈济生 82, 83
何鸣芳 84, 85
周 涛 86
王铃蘭 87
孙 茜 88, 89
李林云 90, 91
娄启盘 92, 93
赵予彤 98
姚延林 102, 103
石道德 104. 105
徐鸿兴 106, 107, 108, 109
雪 儿 110, 111
翟海月 112
杨以磊 113, 114, 115

刘守蛟 116, 117, 118
金大鹏 119, 120, 121
陈学伦 122, 123
桑茂林 124
邵 卫 125, 126, 127
吴晓明 134, 135
胡 军 136, 137, 138, 139
金 平 140
周全友 141, 142, 143
张 翔 144, 145, 146, 147
朱艾平 148, 149
张大立 150, 151, 152
王燕斐 153
陆珠荟 154, 155
高 雨 156
龚建华 157
孙玲娟 158, 159
孙 怡 160, 161
戴学忠 162, 163
施连娣 164
江似鹤 165
张嵩祖 174, 175

评 委

黄显功
马 忠
张克勤 166, 167, 168, 169
徐龙宝 170, 171, 172. 173
邵黎阳 176, 177, 178, 179

张丰泉

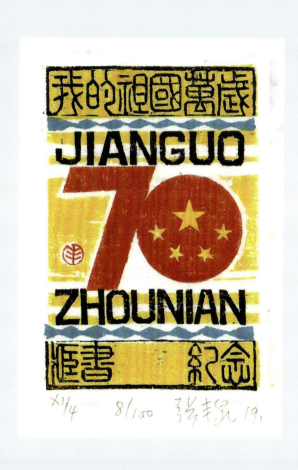

X1 8.5cm×5.5cm

张丰泉

X1 6cmX6.5cm

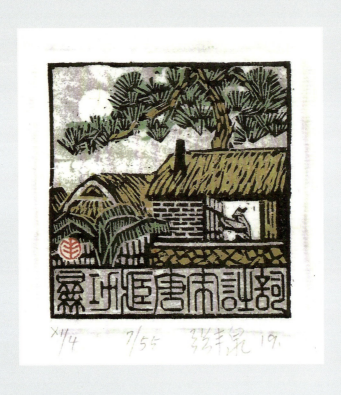

张丰泉

X1 6cm×6.5cm

张家瑞

X1 11cmX7.5cm

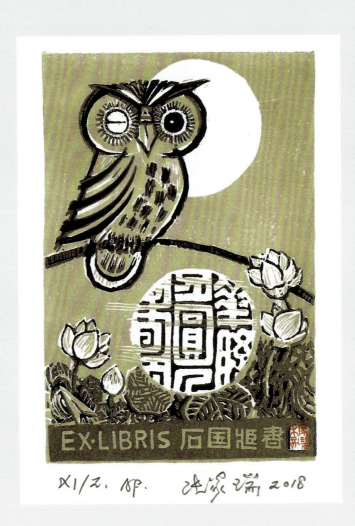

张家瑞

X1 12cm×9cm

张家瑞

X1 10.5cmX8cm

张家瑞

X1 10cm×8cm

张 扬

X1 14cm×8.5cm

煙雨蒼茫西復東，
扁舟又繫柳陰中。
三更酒醒殘燈在，
臥聽蕭蕭雨打蓬。
宋陸游詩《東關》

张 扬

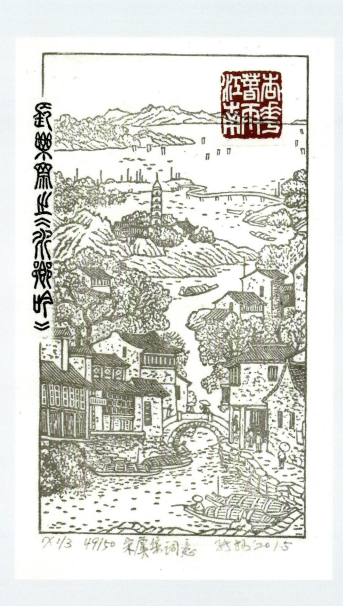

杏花春雨江南
引宋代虞集词
风入松《寄柯敬仲》

张 扬

X1 14cm×8.5cm

《林泉高致》
北宋画家郭熙父子所著山水画技法专论，对后世影响深远。

张 扬

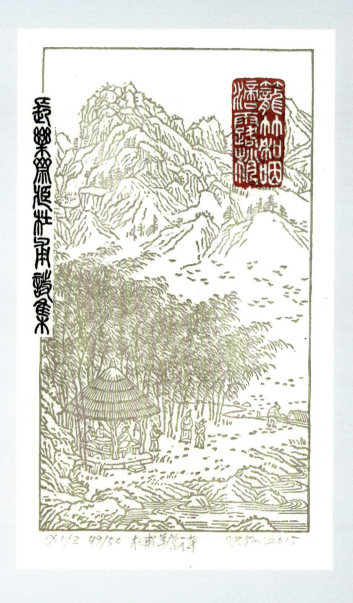

X1 14cm×8.5cm

唐乾元二年,杜甫於成都百花潭築草堂并賦詩：
背郭堂成蔭白茅,
綠江路熟俯青郊。
檀林碍日吟風葉,
籠竹和咽滴露梢。

杨忠义

C4 COL 15cmX13cm

杨忠义

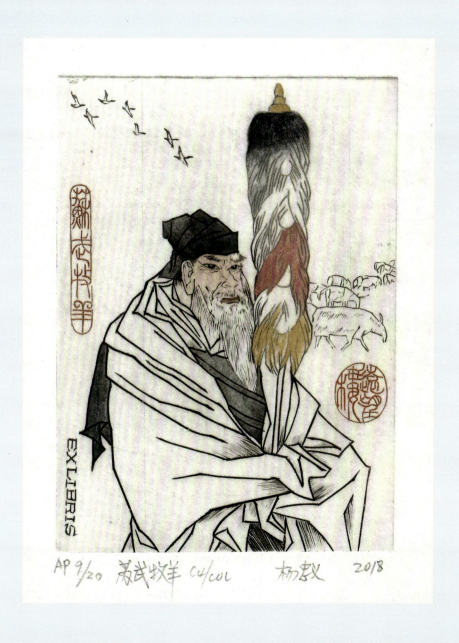

C4 COL 15cm×13cm

车 进

X1 14cmX7.5cm X2

车 进

X1 14cm×7.5cm X2

吴鸿彰

X1 11.5cmX11cm

吴鸿彰

X1 11.5cmX11cm

吴鸿彰

X1 14.5cmX11.5cm

吴鸿彰

X1 14.5cm×11.5cm

吴家华

吴家华

吴家华

X1 10cmX8cm

张凌翔

X2 8cmX8cm

张俊萍

X1 5.5cm×12.5cm

X1 6.5cm×10.5cm

张俊萍

X1　5.5cm×10.5cm

X1　6.5cm×10.5cm

张忠信

X2 10cm×11.5cm

张忠信

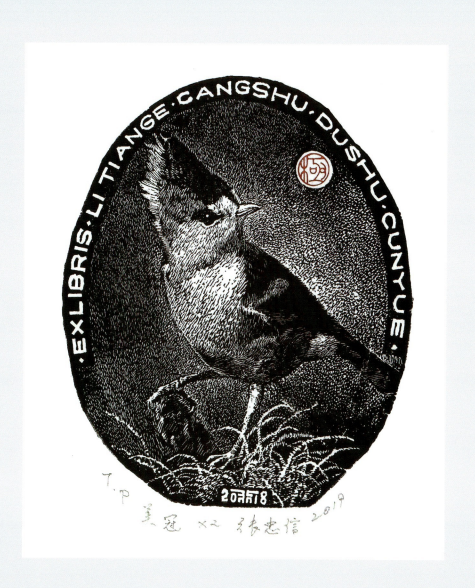

X2 13cm×11cm

张忠信

X2 7.5cm×9cm

张忠信

X2 12.5cm×9.5cm

王 昆

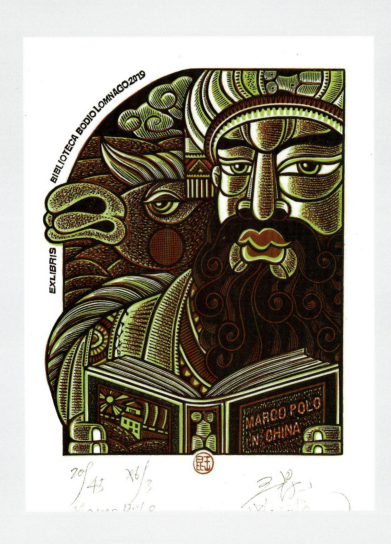

X6 15cmX11.5cm

王　昆

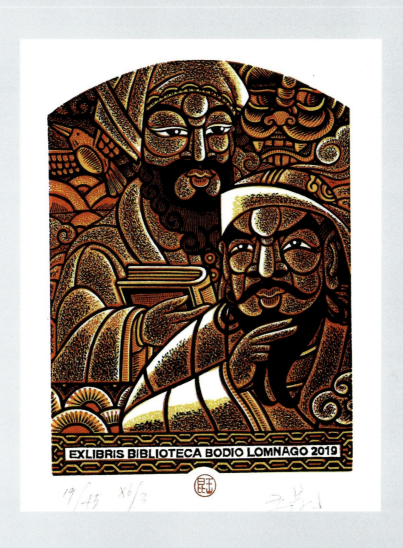

X6　15cmX10cm

王 昆

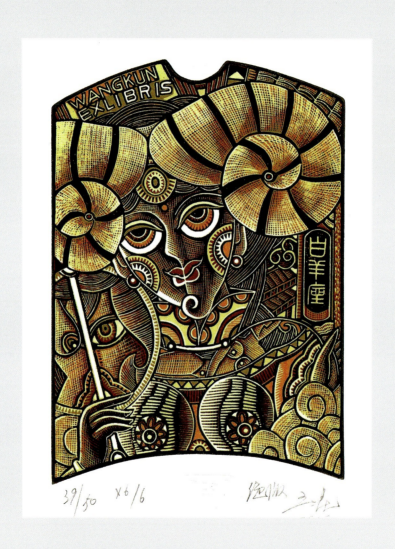

X6 15cm×11.5cm

王 昆

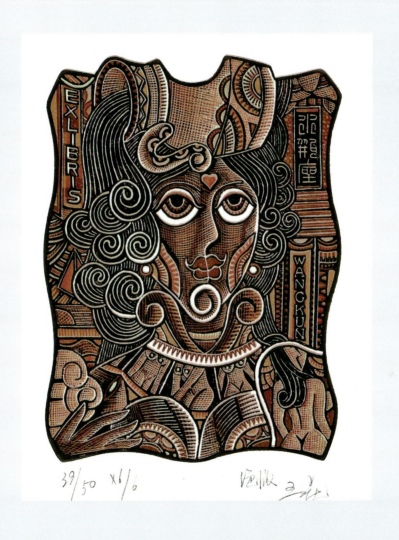

X6 13,5cm×10cm

沈向红

C4 X1 15cmX10.5cm

沈向红

C4 X1 10.5cmX15cm

沈向红

C4 X1 10.5cmX15cm

沈向红

C4 X1 15cm×10.5cm

潘元石

S4 7.5cmX17.5cm

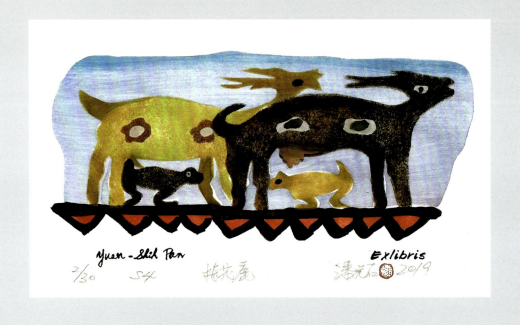

潘元石

潘文斌

X1 9cmX9cm

潘文斌

X1 7.5cm×6cm X4

刘 青

L4 11cmX7cm

刘 青

刘 青

L4 13cm×14cm

044

王 路

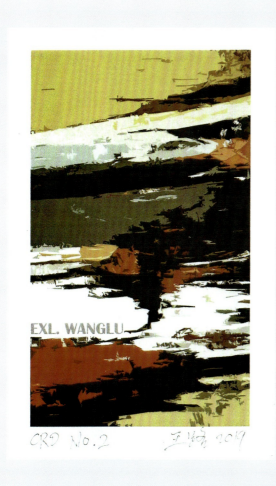 

ORD 14.5cm×9.5cm ×2

吴望如

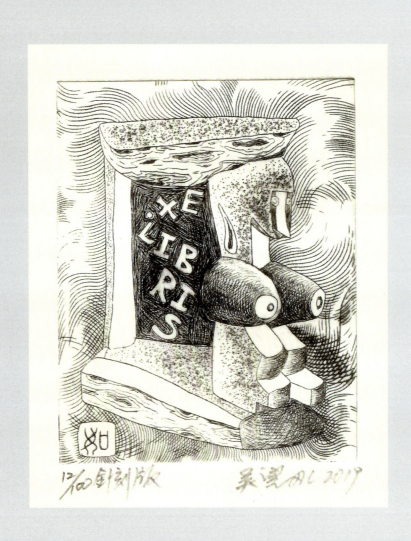

C4　10cmX8cm

吴望如

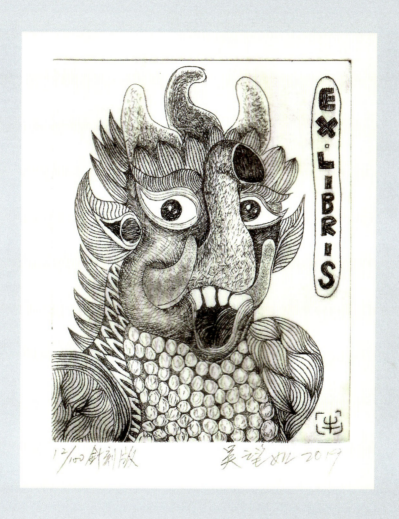

C4　10cmX8cm

叶枝新

X1 1.5cmX13.5cm

叶枝新

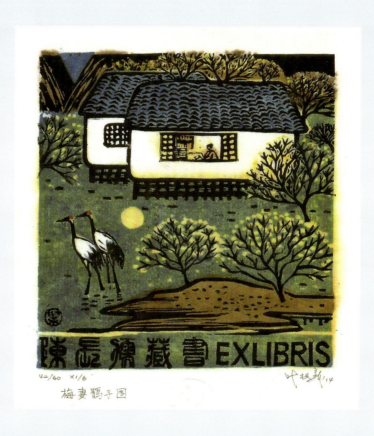

X1　11cmX10.5cm

许英武

X1 15cmX12cm

许英武

X1 9cmX16cm

汉 啸

X2 7cm×8cm

汉 啸

X1 9cm×8cm

汉 啸

X2 10cmX9cm

汉 啸

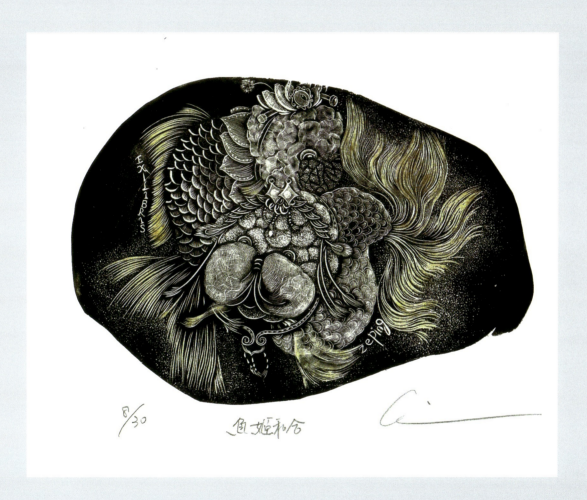

X2 10.5cm×15cm

冀荣德

X1 16cm×12cm   X1 15cm×12cm

冀荣德

李彦赟

X2 12cmX12cm

李彦赟

X2 12cmX12cm

陈 川

X1 11cmX4cm

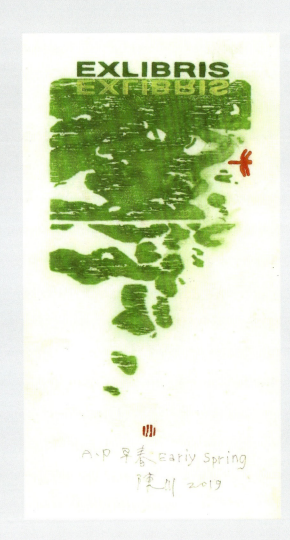

陈 川

X1　9cmX9.5cm

陈 川

X1 12cm×6.5cm

章 平

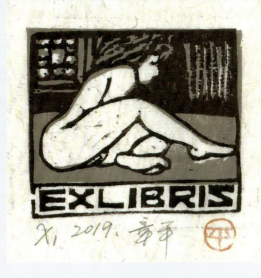

X1 6cmX7cm X4

周东申

X1 10.5cm×14cm

周东申

X1 8cm×14.5cm

周东申

X1 10cmX12cm

周东申

邢 颖

X1 15cmX12cm

邢 颖

X1 15cmX10cm

高 权

C3C5 14.5cm×11.5cm

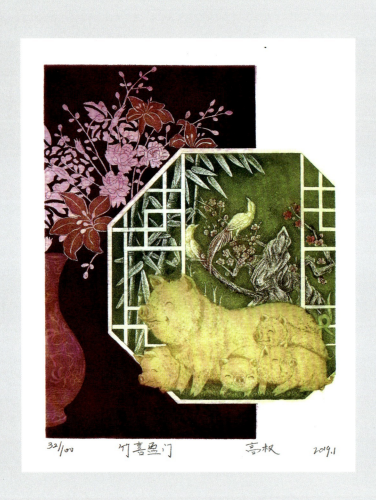

高 权

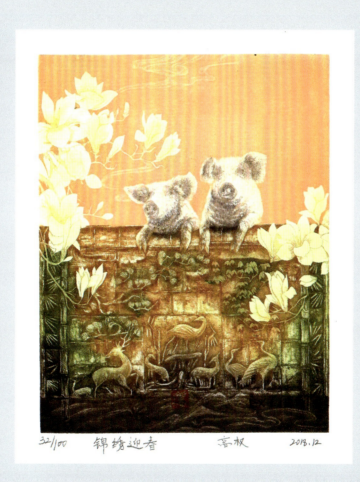

C3C5 14.5cmX11.5cm

邓 利

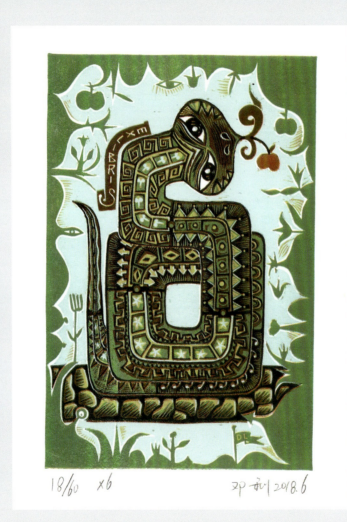

X6 15cmX10cm

邓 利

X6 15cm×10cm

邓 利

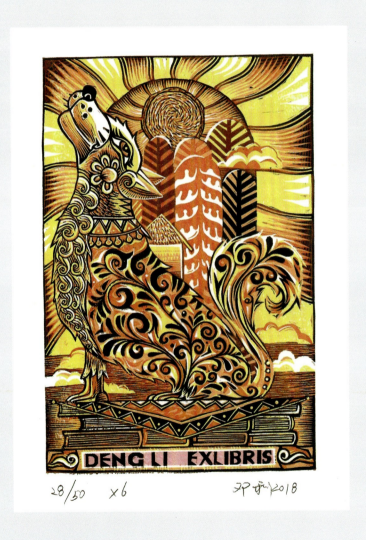

X6 15cmX10cm

邓 利

X6 12cmX15cm

黄学俐

X1 15cmX10.5cm

黄学俐

X1　15cm×10.5cm

郭伟利

X1 12cmX8cm

郭伟利

田百顺

X1 12cmX9cm

田百顺

X1 6cmX10cm X2

陈济生

X1 14cm×14cm

陈济生

X1 14cm×14cm

何鸣芳

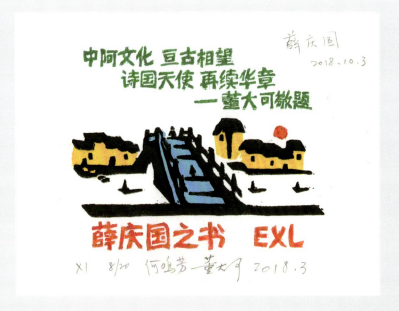

X1 10.5cmX12.5cm

X1 10.5cmX14cm

何鸣芳

X1 14cm×11cm

X1 14cm×15cm.

周 涛

L1 10.5cm×10cm

王铃蘭

X2　6cm×4.5cm ×4

孙 茜

CRD 11.5cm×8.5cm

088

孙 茜

CRD 9cmX9cm

李林云

C3 12.5cmX9.5cm

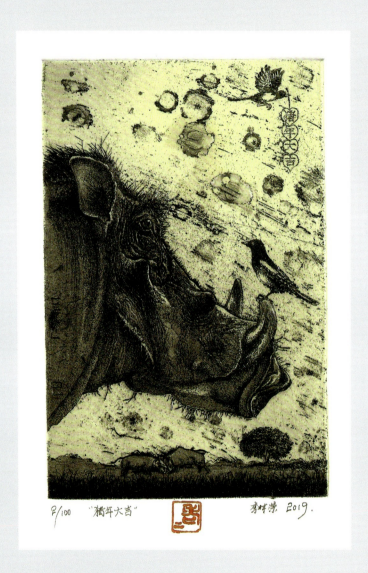

李林云

C3 12.5cmX10cm

娄启盘

X1 11cmX9cm

X1 9.5cmX9cm

娄启盘

X1 9cmX12cm

X1 9cmX11cm

陶 正

X1 10cmX13cm

陶 正

X1 10cmX13cm

陶 正

X1 10cmX13cm

陶 正

X1 10cmX13cm

赵予彤

C4　11.5cmX11.5cm

乐建成

C8 12cmX10cm

乐建成

C8 COL 10cmX12cm X4

乐建成

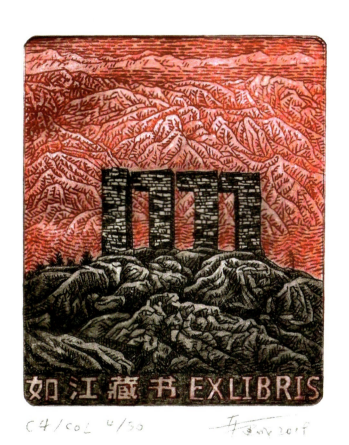

C8 COL 12cmX10cm

姚延林

X7 4cm×9cm

X1 9cm×7.5cm

姚延林

X7 5cm×6cm

S2 6cm×7cm

石道德

X6 13cmX11.5cm

石道德

X6 13cmX11.5cm

徐鸿兴

徐鸿兴

X1 10cm×8cm

徐鸿兴

X1 10cmX8cm

徐鸿兴

X1 10cmX8cm

雪 儿

S2 13cm×11cm X2

雪 儿

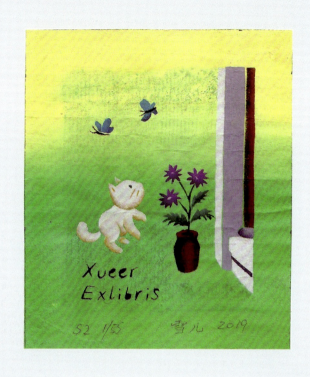

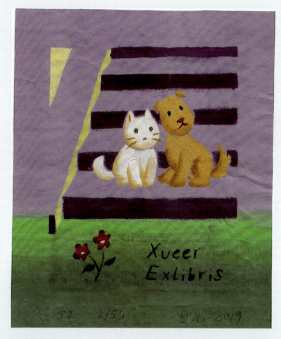

S2 13cm×11cm ×2

翟海月

CGD 12cmX13cm X4

杨以磊

X1 13cm×9cm

杨以磊

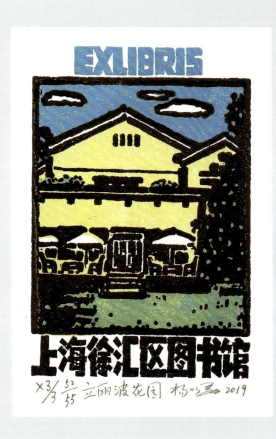
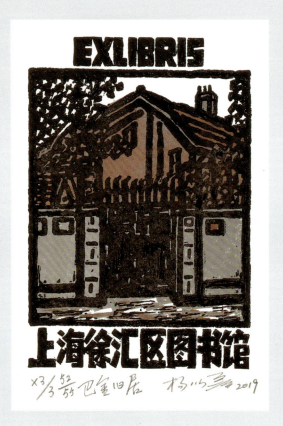

X1 13cm×9cm

杨以磊

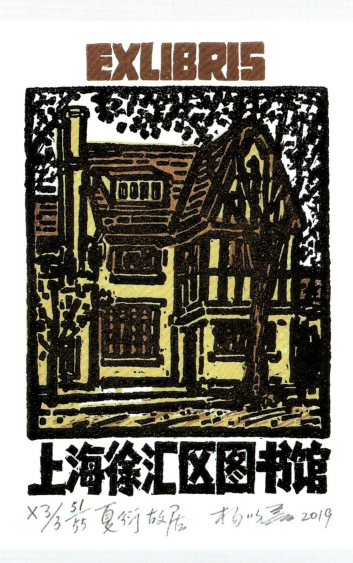

X1 13cm×9cm

刘守蛟

C4 14cmX9cm X2

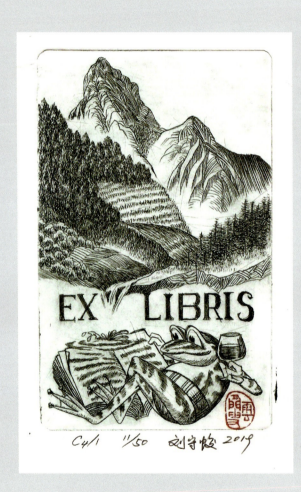
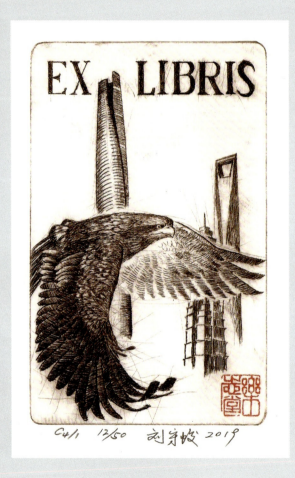

刘守蛟

X1 12.5cm×10.5cm

刘守蛟

X1 12.5cm×10.5cm

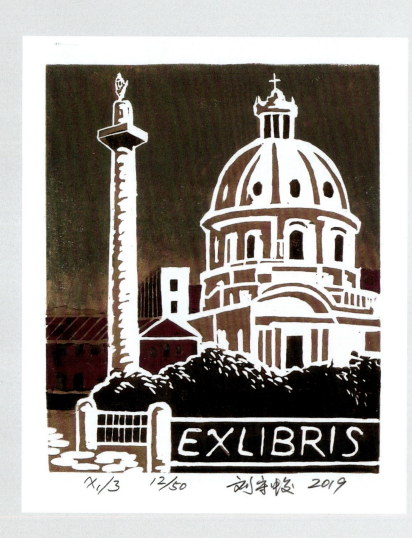

金大鹏

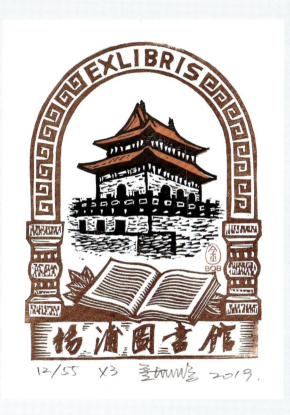 

X3 11cm×9.5cm X2

金大鹏

X3 11cm×9.5cm

金大鹏

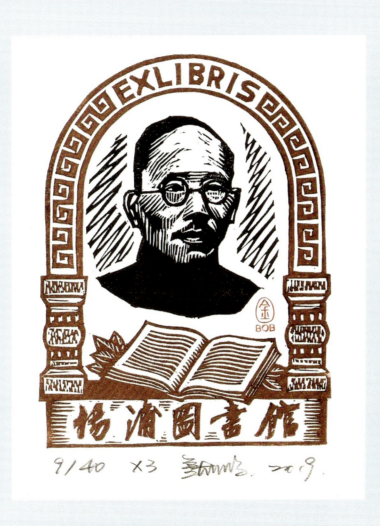

X3 11cmX9.5cm

陈学伦

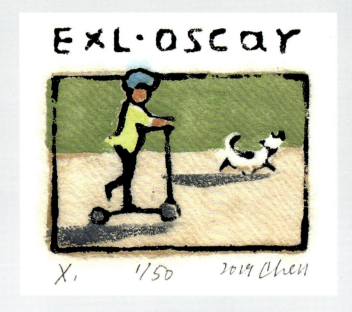

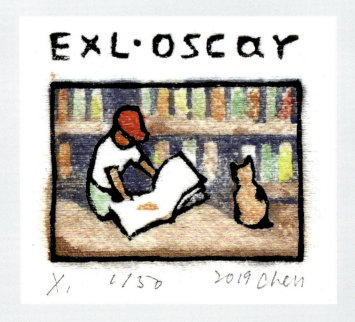

X1 6cmX7cm X2

陈学伦

X1 6cm×7cm X2

桑茂林

X1 12cmX7.5cm

邵 卫

X6　12cmX8cm X2

邵 卫

X6 11cm×9cm

邵 卫

X6 11cmX9.5cm

施洪威

X2 11cmX9cm

孙 磊

X6 6cm×8cm

X6 15cm×12cm

孙 磊

X6 14cm×11cm

孙 磊

X6 16cmX9.5cm

董介吾

吴晓明

C4 14cmX6.5cm X2

吴晓明

C4 11cmX9cm

胡 军

X1 11cmX14cm

胡 军

胡 军

胡 军

X1　11cmX14cm

金 平

C4 9cmX10cm

周全友

X1 11cm×10.5cm

周全友

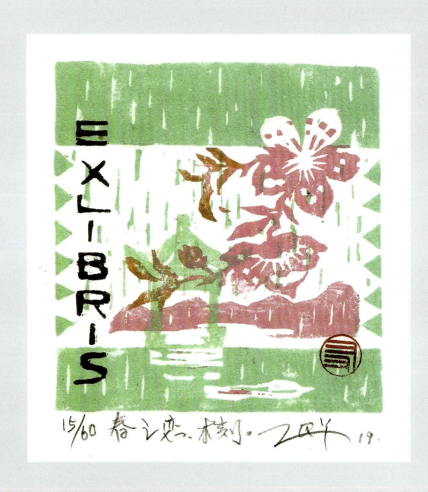

X1 11cmX10.5cm

周全友

X1 12cm×16.5cm

张 翔

X1 11cmX7cm

张 翔

张 翔

X1 10cmX12cm0002

张 翔

X1 10cm×12cm

朱艾平

CRD 13cmX9.5cm

朱艾平

CRD 13cm×9.5cm

张大立

X2 8cmX4cm X2

张大立

X2 9.5cm×8.5cm

张大立

X2 5.5cmX6.5cm

王燕斐

X2 8cmX6cm

X2 9cmX10.5cm

陆珠荟

X1 11cmX9.5cm

陆珠荟

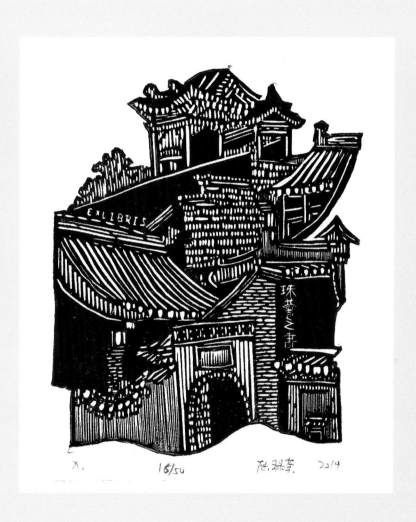

高 雨

C3C5 5cmX5cm X2

龚建华

C4 COL 18.5cmX12.5cm

孙玲娟

C4 11cmX8.5cm

孙玲娟

C4 9cm×11cm

孙 怡

C4 8cmX8.5cm

孙 怡

C4 8cmX8.5cm

戴学忠

x1 11cmx11cm

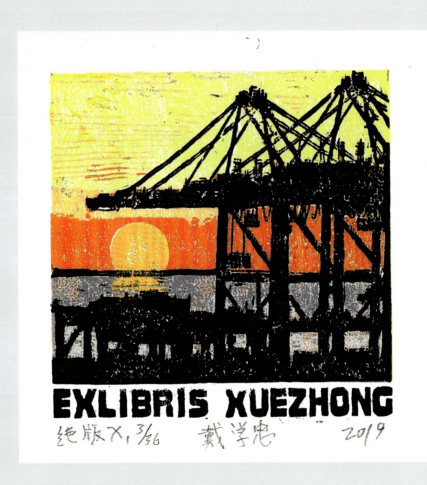

戴学忠

x1 11cm×11cm

施连娣

C4 14cmX17cm

江似鹤

C4 COL 9cmX12cm

张克勤

X6 15cmX10cm

张克勤

X6 13cm×9.5cm

张克勤

X1 17cmX11.5cm

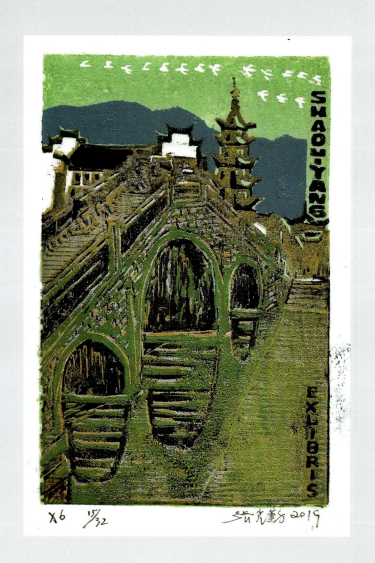

张克勤

X1 10.5cm×15cm

徐龙宝

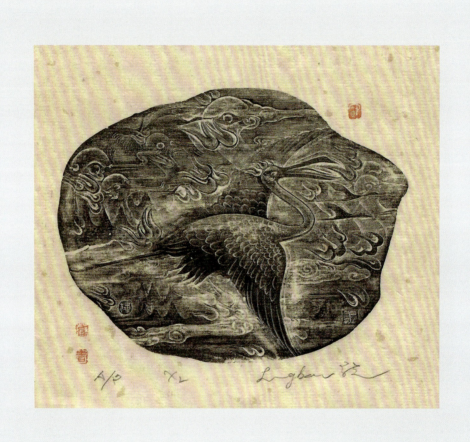

X2 9.5cmX12.5cm

徐龙宝

X2 8cmX7.5cm

徐龙宝

X2 10cmX12cm

徐龙宝

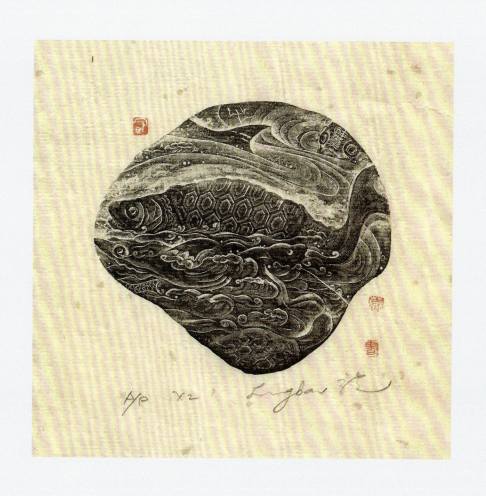

X2　8cmX9cm

张嵩祖

X1 16cmX12cm

张嵩祖

X1 16cm×12cm

邵黎阳

X6 COL 11cmX13cm

邵黎阳

邵黎阳

X1 14cm×11cm

邵黎阳

X2 10cm×10cm

为画而生

——回忆白逸如

邵黎阳

《翻棉单》　　　　　　　　　白逸如

我曾经设想，如果有这样一个国际藏书票展览，规定一个国家只收一枚作品，问中国应该选哪张？假如问到了我，我会说，如果只要一枚，那就是《翻棉单》了。

《翻棉单》是我国杰出的藏书票艺术家白逸如的作品。我有机会把这个设想故事告诉了白逸如，其时我跟她不熟，她只是客气地笑了笑。是的，我自己都感到这样说太像客套，甚至是讨好。但当我把这个"设想"写进了文章，发表出来，白逸如老师才知道我是认真的。

我高评《翻棉单》的缘由，是因为它有讨人喜欢的主题，有优美的艺术造型，有典型的东方技法，能在藏书票的国际大环境传递优秀的中国传统文化，能够引人注目！

很巧的是，版画家吴燃也有同感。他在一个展览会里见到藏书票《翻棉单》，好生喜欢，欣赏之余更有他特殊的表述。他面对白逸如用手比画了整个展览会，说"谁也画不了"。谁都会说这话口气好大！我听闻之下，颔首微笑，以为吴老先生之说并不夸张。吴燃在版画群里是我仰望的大侠，他的版画常常以观察生活细致、艺术构思出众，给我留下深刻印象。他当然有自己的观点和自己独特的表达。

白逸如 1932-2018

白逸如出身科班，就读于著名的浙江美术学院绘画系，毕业后分配到年画之乡山东，结缘传统年画，研究木板套色水印，开始了一辈子的弘扬中国传统艺术之路。她先后创作过数十件年画作品，出版印行，广受欢迎。收获了有6件作品为中国美术馆收藏的卓著成就。作品的影响力，使她成为中国美术家协会会员、国家一级美术师，还成为令人钦羡的"有突出贡献的知识分子"，享受国务院特殊津贴。20世纪80年代初，白逸如调入天津画院，继续从事民间艺术研究。1984年她尝试运用藏书票的形式，延续她对传统美术的热爱，收到很好效果，由此渐渐展开了创作人生的另一个画卷，使自己对艺术执着之爱和取得成就达到又一个高峰。

1994年对于中国藏书票研究会，是一个重要的年份，这年研究会隆重庆祝成立十周年。之前由各省市承办的双年展，这年铁定了在北京举办。创会会长梁栋先生使尽浑身解数，为十周年庆祝活动做足了准备。在他的努力下，第五届双年展进到了在中央美术学院美术馆举办，开幕庆典请出了李桦先生致开幕词。已近米寿的李桦先生是中国现代版画的泰斗，他又是成立藏书票研究会的鼎力支持者，他的出场给开幕式平添了隆重的气氛，给所有到会人留下了深刻的印象。

上海组了个进京6人团。杨可扬先生因为重视，不顾已过80的高龄，率团出席大会。他的参会也在提升庆典的隆重。在每个集聚人众的场合里，他都是一位引人注目的人物。

年画《渔家女儿上大学》

李桦先生致开幕词

十周年纪念的系列活动中，最热闹的是交换活动。因为事先有通知，很多人都做了准备，现场交换气氛热烈。记得梁栋先生随身携带的一只扁木箱，打开来里面装有他准备的很多作品，每件作品都有好多枚，叠放在一起，没有更多包装。我还惊奇地看到李桦先生的许多原作也端放其中。毫不夸张，我当时感受，开箱之时如有光芒耀眼。可见梁栋先生为交换活动做了充分的准备，还受托代李桦先生参与交换。交换活动吸引着大家，猜想白逸如应当也在现场，只是互相不认识。倒是一个与交换相关的突发事件，让我们见识了白逸如。

　　我要说的突发事件发生在离交换现场不远的巷子里。几个机灵的学生围住了可扬先生，要求交换。厚道和好说话的可扬先生马上响应，在巷子边上一张换一张地进行起来。这些十来岁的学生显然是知道可扬大名的，就围住他，换得急切，在马上又围上来好些学生以后，现场有些失控。我们同行的几个人没有恰当的办法，一时束手无策。正是在这样的当口，白逸如出现在现场。记不得具体情节了，也忘了她是怎么出现的，又是怎样说的，大概是说可扬先生年岁这么大了，印一张多不容易，你们不可以这样换之类的话。她的一口京腔，话又说得不容分辩，很管用，很快结束了这个局面。我后来回想，这个场景就像上演了新版野猪林。对于热情的学生无须责备，但把白逸如干净利落解围比作鲁提辖救了林教头，那倒很是那么一回事。在我印象中白老师是个壮实的、中气很足的中年妇女，比其时她实际已过60的年龄要年轻，和多年后我们有较多接触时，她留给大家的文弱印象相差甚远。当时我们是否互相作了介绍也记不得了，但白老师认识杨可扬这一点是可以肯定的，她的为人处世和她的作品一样，相当精彩！

拜访杨可扬先生

十年后有了"梅园杯"邀请展，我在排邀请名单时，把名声在外的白老师一家三口早早地排了进去。邀请函发出之后，在画家们纷纷响应的热闹中，我久久等不来白老师一家的回复。我是认定邀请展的合作是双向的，被邀请者有接受与否的考虑，邀请方不应催促，这是我们办展的理念。但我的确是例外处置了，打出了唯一的一个电话。他们家是一个藏书票团队，白老师杰出之外，她丈夫赵志方、女儿谢竞都是我国极为出色的藏书票专家。接电话的白老师信我之言，非常爽快，第二天便快递了三人的作品，这不仅为我们的"梅园杯"邀请展增光添彩，也由此开始了我们共同为藏书票事业的亲切友谊。

每届"梅园杯"邀请的嘉宾，都是关注"梅园杯"的著名人物，由首届梁栋先生开始，延伸至今，中间没有停歇。2009年，我们请了白逸如和张扬先生作为该届特邀嘉宾，他们是国家级的杰出的藏书票艺术家。在上海的几天里，他们同上海的版画家们见面交流，到老版画家杨可扬家拜访，去上海图书馆会见也是藏书票和版画的热情推广人黄显功，登上环球大厦101层观光厅，游览了著名水乡朱

左起：黄显功、张扬、白逸如、谢竞、
邵黎阳

家角。老画家对"梅园杯"的嘉宾接待非常满意，白逸如老师说了"我这辈子没有被人家这样招待过"如此感人的话，我听了有特殊的感慨。她无疑是一位非常有成就的艺术家，我们并没有很高规格的礼待，我们只是热情和尊重。要说礼待，这年有条件入住一家注重环境艺术的四星级宾馆，让人耳目一新。这在接待整体中颇为显眼。也是机会差异，上一届接待陈雅丹、沈延祥和潘文斌，被安排住的是简易房，陪同他们的我，在那过于朴素的房间里，因为觉得亏欠了嘉宾，连说话都不流畅了。可见留给客人们的印象，落差是很大的。

文化是一条大江，流淌在人类历史上。大江源远流长，奔腾缓急，一路向前，从不停息。作为一种文化现象的藏书票，她像是大江波涛中的一朵浪花，娇小轻微，然而优美入画，很受画家们的关注。藏书票要做好自己，保持好优雅的文化本质，保住江水清纯。从这个话点讲开去，白逸如作品非常典范，她对中华文化的热爱，对传统艺术的探究，对自己作品的负责，真是我们文化大江里一朵美丽浪花，是我们学习的楷模。

　　白逸如老师的作品饱含鲜明的东方色彩，题材广泛，多采用中华文化中备受关注和群众喜闻乐见的主题，用色有着"大俗大雅"的鲜艳，还有，支撑画面的是中国特有的线描刻作。名作《翻棉单》就贴切地体现了这些特质，饱含着东方艺术的神韵。就像她的年画创作，主题来源于生活，画面优美，构思巧妙。民间年画艺术之乡山东、天津浓郁的乡土生活气息，滋养了画家，成就了她艺术生涯的厚实根基。白老师的"艺入化境，画由心生"的美术创作境界，完全得益于中华民族民间艺术的精华的浸润。进入藏书票创作之后，她所具备的优点得到了保持，创作作品更多了一分书卷之气。这正是她艺术升华的结果，也必然地受到广泛的欢迎。20世纪的90年代，一系列优秀藏书票作品，是她艺术生涯中在年画创作之后的又一个创作高峰。一长串作品名字《书包》《刀娃》《萤火虫》《大红枣》《祝福》《翻棉单》《共读》《申奥有我一个》……是她对中国藏书票事业的杰出贡献。

晚年的白逸如深深地沉浸在绘画之中,"画画是我全部的快乐,我为画画活着","一画画什么烦恼都没了",是她在电话里常挂嘴边的话。藏书票成为她接触最多的画种,深陷其中,非常投入。在藏书票《田螺姑娘》里,她以田螺姑娘自喻,借田螺(她画的实际是海螺)厚重的硬壳屏蔽一切干扰的情景,抒发自己斗室闭关、潜心修炼、以求没有一切烦恼的情感。还有一幅《扇不动的猴头》,西游记故事中铁扇公主的芭蕉扇扇不动孙悟空。画面中孙悟空的手托一颗光芒闪射的定风珠,画家似乎在说:我有这个,我有定力!而画家正是属猴。这两幅藏书票作品,显然是画家扣动心弦之作,署名的形式也不同寻常,她用了"白逸如藏书"和"逸如",翻看其他,绝无仅有。她是把心愿融入作品之中,借画倾述内心意愿。

自从2004年有"梅园杯"以来的15年间,白老师自始至终给予关注,先后向"梅园杯"提供了她的创作48件,其中包含了她藏书票创作巅峰时期的绝大部分作品。我们感谢白老师的特别关爱,在她年迈体弱对外谢绝邀约之后,唯对"梅园杯"留了一个口子。她生命中的最后一件作品,是在刻也难印也难之中,选出她认可的唯一一枚,寄给了"梅园杯",让每一个参与"梅园杯"工作的人感动不已。

年初,白老师在电话里告诉我,她要送我藏书票,强调是从她自藏里选送。为此告诉我说她以前寄给过我的一本由国家图书馆出版社出版的画册《积木成林》,是收录她作品最全的,从这本里选不会有遗漏。出于无功受禄的不好意思,我很克制地选了14枚,但她说太少了,再选,于是又选了10枚。《积木成林》是白老师和她女儿谢竞两人的作品集,按白老师的授意,也选了谢竞的若干枚。不久我就收到快递,得到了这些珍贵的馈赠。想不到三个月以后传来了白逸如老师阖然逝世的消息,让我无比震惊,木然整天。在那几天里,我静静地把白老师寄赠的藏书票在本子里依次摆放,补进包括那枚我最喜欢的《翻棉单》在内的部分以前的收藏,因为对已有的收藏,没有在我开列的单子中,合制了一本原作集。睹物思人,叹息生命的脆弱、人生之短暂!叹息艺术成就再高,寿数也在有限!

白逸如母女和张扬夫妇做客邵黎阳家

白老师没有如愿做完许多想做的事，但她在年老力衰的最后几年里，摒弃一切杂事，生命以绘画为滋养为维系而绵延。她在电话里叹息，做什么事都那么累，只有画画才忘了一切，才愉快。绘画陪伴她一生，尤其是最后的几年，直至最后几天！只有从这点讲，她是幸福的。她总是对自己的健康充满信心，只说到累，从来没有说病。所以我一直认为她还能活很久。

女儿谢竞是白逸如老师最贴心的人。白老师在迁居济南的近十年间，女儿更成了她生活依赖，是唯一照顾她生活的人。另一方面，谢竞艺术上的成就，一脉相承了母亲的风格，并在这个基础上，从构思和造型上确立了自己的特色。谢竞取得的可喜成就，也是妈妈白逸如最大的安慰。那年也正是谢竞的陪同，白老师得以来"梅园杯"邀请展做嘉宾。我也就是在那个机会里，亲耳听到妈妈对女儿的赞扬，正是说了"女儿作画受到她的影响，又有突破和创造，画得比我好"这样的话。白老师的寄望和我们很一致，对于谢竞的艺术成就和未来的发展，充满了极大信心和乐观。"梅园杯"也期待谢竞不断推出优秀新作，让这门广受欢迎的艺术后继有人、发扬光大。

相关人对谢竞还有一桩特别称赞、甚至可以说感谢的一件事情，就是她在妈妈去世后不久，干净利落地处置了遗稿。显然是遵从了妈妈的遗愿。最为珍贵的数十件年画手稿悉数捐给了上海图书馆"中国文化名人手稿馆"。我深知白老师的这一心愿。这是白老师在生命的最后几年里，跟我提到最多的话题，如今能如此完满地办理成功，真是件大好事情。

一个人去世，就像一页书翻过去了……但是这是个怎样的人，在白纸黑字间，永远存在，永远翻得到这一页。在这页上，那个人的所作所为、有怎样的努力、取得了怎样的成就，上面写着，清清楚楚。白老师留在我们心中，留在了"梅园杯"的十多本画册里，更留在了世界版画和藏书票艺术史册这本巨大的书册中。

白逸如老师发自2018年春节的代贺卡藏书票，也是她此生最后的版画劳作。

在济南住处工作室

白逸如（1932.12—2018.4），女，北京人。擅长年画、版画。1953年毕业于浙江美术学院。历任山东省文化局美工室、山东省文联、中国美术家协会山东分会美术干部，山东师范大学艺术系教师，天津画院专业画家。作品有《渔家女儿上大学》《移来南茶住北乡》、中国画《大娘的病好了》等。晚年专注藏书票创作，有《萤火虫》《翻棉单》《香港回归》《共读》等，成就卓著。

和女儿白鹭（谢竞）

图书在版编目（CIP）数据

'19陆家嘴梅园杯上海藏书票邀请展作品集 / 浦东新区陆家嘴社区文化建设联合会，上海市美术家协会版画工作委员会编. 一上海：上海大学出版社，2019.10
 ISBN 978-7-5671-3688-5

Ⅰ.①1… Ⅱ.①浦… ②上… Ⅲ.①书票—中国—图集 Ⅳ.①G262.2-64

中国版本图书馆CIP数据核字（2019）第176355号

艺术顾问	张嵩祖
主　　编	凌军芬　邓　亮
副主编	张　磊　邵黎阳
统　　筹	匡碧波　周新国
编　　辑	黄　琦　杨维莉

责任编辑	傅玉芳
装帧设计	邵黎阳
技术编辑	胡朝阳
电脑制作	陆甬涛

书　　名	'19陆家嘴梅园杯上海藏书票邀请展作品集
出版发行	上海大学出版社
地　　址	上海市上大路99号
出 版 人	戴骏豪
印　　刷	上海画中画包装印刷有限公司
经　　销	各地新华书店
开　　本	884mm×1194mm 1/20
印　　张	10
版　　次	2019年10月第1版
印　　次	2019年10月第1次印刷
印　　数	1-1000册
书　　号	ISBN 978-7-5671-3688-5/G•3037
定　　价	158.00元